school - sukuu	2
travel - akwantuo	5
transport - akɔneabadie	8
city - kuro kɛseɛ	10
landscape - mmɔnten so asiesie	14
restaurant - adidibea	17
supermarket - sotɔɔpɔn	20
drinks - nsa	22
food - aduane	23
farm - afuo	27
house - efie	31
living room - asaso	33
kitchen - mukaase	35
bathroom - adwareɛ	38
kids room - nkwadaa dan mu	42
clothing - ntaadeɛ	44
office - asoeɛ	49
economy - ɔman sikasɛm	51
occupations - nwuma ahodoɔ	53
tools - anwenade	56
musical instruments - nneɛma a yɛde bɔ nwom	57
zoo - zoo	59
sports - agokansie	62
activities - nwumadie	63
family - abusua	67
body - nipadua	68
hospital - ayaresabea	72
emergency - putupru	76
earth - Ewiase	77
clock - klɔko	79
week - nnawɔtwe	80
year - afe	81
shapes - abosuo	83
colors - ahosoɔ	84
opposites - abirabɔ	85
numbers - nɔma	88
languages - kasa ahodoɔ	90
who / what / how - hwan / deɛ bɛn / ɛyɛ deɛn	91
where - ɛhen	92

Impressum
Verlag: BABADADA GmbH, Nedderfeld 112 , 22529 Hamburg
Geschäftsführer / Verlagsleitung: Harald Hof
Druck: Books on Demand GmbH, In de Tarpen 42, 22848 Norderstedt

Imprint
Publisher: BABADADA GmbH, Nedderfeld 112 , 22529 Hamburg, Germany
Managing Director / Publishing direction: Harald Hof
Print: Books on Demand GmbH, In de Tarpen 42, 22848 Norderstedt

school

sukuu

classroom
sukuudanmu

divide
kyemu

186/2

board
twerɛ pono

school yard
sukuu mu

teacher
kyerɛkyerɛni

paper
krataa

write
twerɛ

pen
pɛn

desk
ɛpono a yɛyɛ so adwuma

ruler
rula

book
nwoma

pupil
sukuuni

satchel

baage

pencil case

twerɛdua konko

pencil

twerɛdua

pencil sharpener

deɛ yɛde sensen twerɛdua
ano

rubber

rɔba

drawing pad

krataa a yɛdwi adeguso

drawing

adedwie

paintbrush

penti brɔhye

paint box

penti adaka

scissors

apasoɔ

glue

aman

exercise book

nwoma a yɛyɛ mu adwuma

homework

efie adwuma

number

nɔma

add

kabom

subtract

te fri mu

multiply

mmɔho

calculate

sese

letter

lɛtɛ

alphabet

ntwerɛeɛ

word

asɛmfua

text

ntwerɛdeɛ

read

kenkan

chalk

kyɔk

lesson

adesua

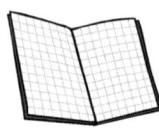

register

twerɛ wo din

examination

nsɔhwɛ

certificate

abodinkrataa

school uniform

sukuu ataadeɛ

education

adesua

encyclopedia

nyansa nwoma

university

suapɔn

microscope

maakroskop

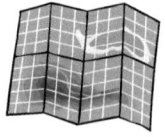

map

map

waste-paper basket

kɛntɛn a yɛde krataa nwura
gu mu

travel
akwantuo

hotel
ahɔhogyebea
Grand
hostel
hostɛl
ROOMS
EXCHANGE
currency exchange office
baabi a yɛ sesa sika
car
kaa

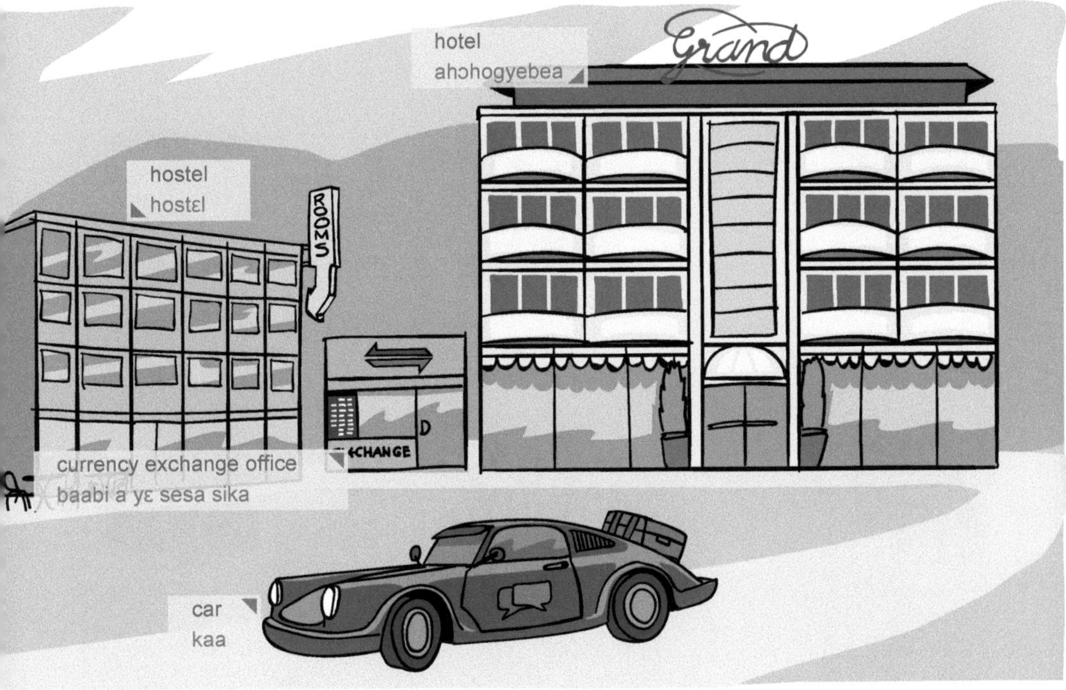

language
kasa

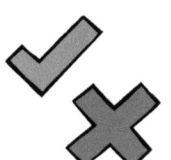

yes / no
aane / dabi

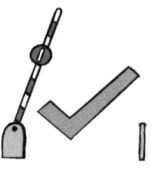

Okay
Yoo

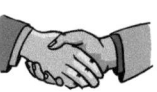

hello
hɛlo

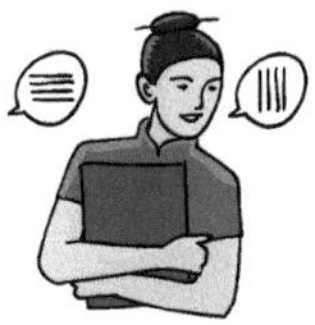

translator
kasa asekyerɛfoɔ

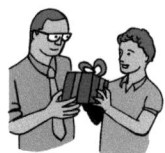

Thank you
Medaase

how much is...?

...boɔ yɛ sɛn?

I don´t get it

Me nte aseɛ

problem

ɔhaw

Good evening!

Maadwo!

Good morning!

Maakye!

Good night!

Dayie!

goodbye

baibai o

direction

akwankyerɛ

luggage

wo nneɛma

bag

bɔtɔ

backpack

akyirebɔtɔ

guest

ɔhɔhoɔ

room

danmu

sleeping bag

bɔtɔ a yɛda mu

tent

ntomadan

tourist information

nsɛm dema wɔn a wɔkɔ nsrahwɛ

beach

mpoano

credit card

kaade a yɛde yi sika

breakfast

anɔpa aduane

lunch

awua aduane

dinner

anwumerɛ aduane

Ticket

tiket

elevator

pegya

stamp

stamp

border

ɛhyeɛ so

customs

kutɔmfoɔ

embassy

embasi

visa

visa

passport

passpɔt

transport

akɔneabadie

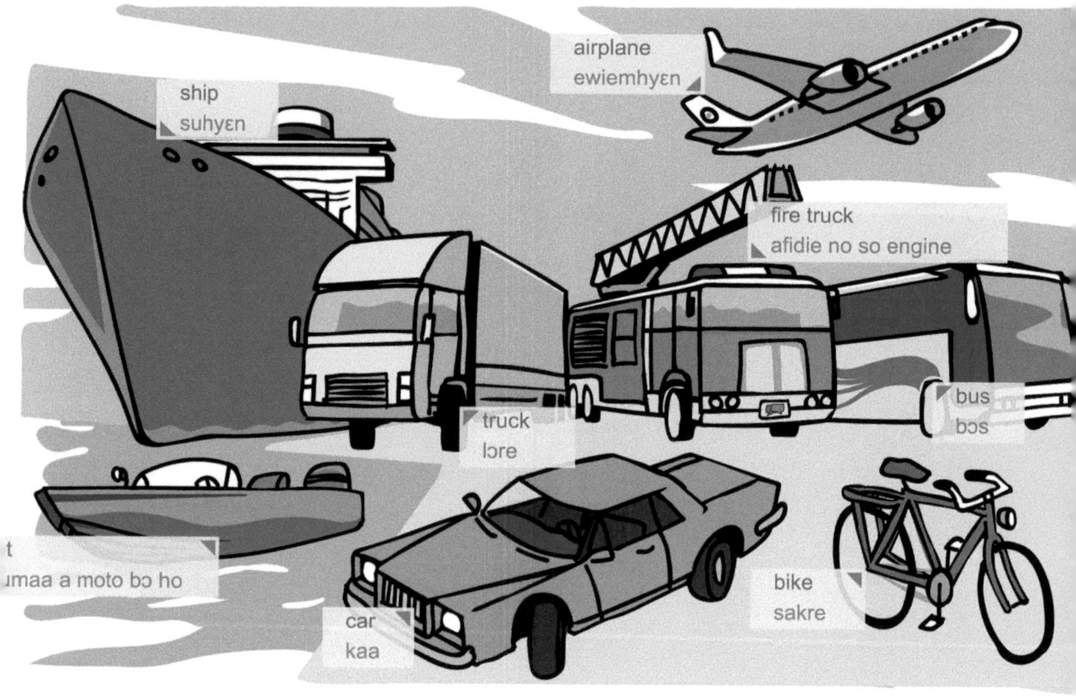

airplane
ewiemhyɛn
ship
suhyɛn
fire truck
afidie no so engine
bus
bɔs
truck
lɔre
t
maa a moto bɔ ho
bike
sakre
car
kaa

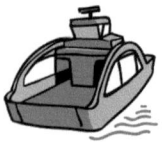

ferry

hyɛma

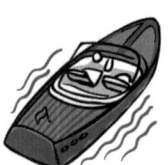

boat

suhyɛn kumaa

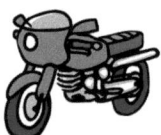

motorbike

motosakre

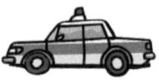

police car

polisifoɔ kaa

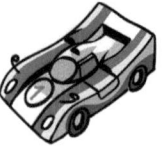

racing car

kaa a ɛkɔ mirika akansie

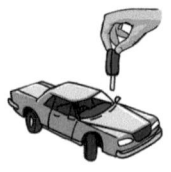

rental car

kaa a yɛde ma ahan

car sharing

wɔre kyɛ kaa

tow truck

lɔre a asɛeɛ

garbage truck

bɔɔla kaa

engine

moto

fuel

pɛtro

fuel station

baabi a yɛbu pɛtro

traffic sign

trafik ahyɛnsodeɛ

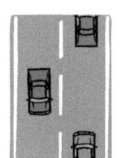

traffic

trafik

traffic jam

trafik akye

parking lot

baabi a yɛde kaa esi

train station

keteke gyinabea

tracks

keteke kwan

train

keteke

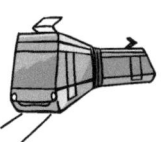

tram

tram

wagon

ponkɔ kaa

helicopter

helikopta

airport

ewiemhyɛnbea

tower

abansoro

passenger

apasingyani

container

tontowa

carton

adaka

cart

kaate

basket

kɛntɛn

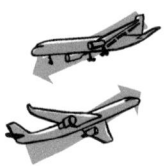

take off / land

atu / asi fam

city

kuro kɛseɛ

village

akurase

city center

kuro dwaberɛ mu

house

efie

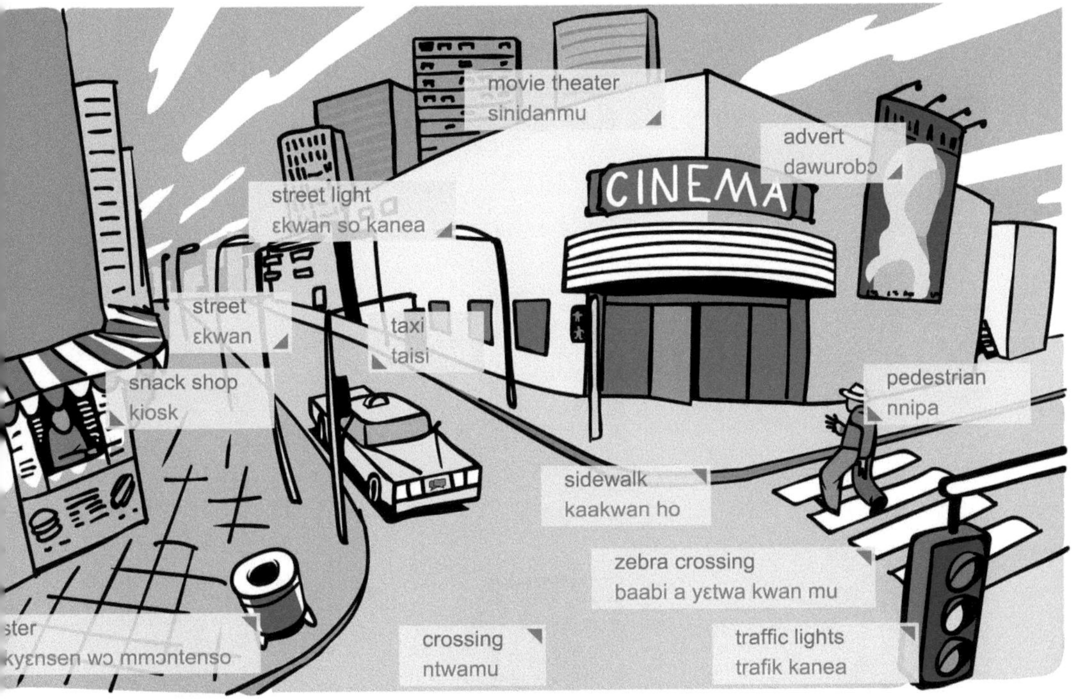

movie theater
sinidanmu

advert
dawurobɔ

street light
ɛkwan so kanea

CINEMA

street
ɛkwan

taxi
taisi

pedestrian
nnipa

snack shop
kiosk

sidewalk
kaakwan ho

zebra crossing
baabi a yɛtwa kwan mu

ster
kyɛnsen wɔ mmɔntenso

crossing
ntwamu

traffic lights
trafik kanea

hut
apata

apartment
efie

train station
keteke gyinabea

city hall
adwaberɛm

museum
bea a yɛ kora tete nneɛma

school
sukuu

university

suapɔn

bank

sikakrobea

hospital

ayaresabea

hotel

ahɔhogyebea

pharmacy

famasi

office

asoeɛ

book shop

sotɔɔ a wɔtɔn nwoma

shop

sotɔɔ

flower shop

baabi yɛtɔn nhwiren

supermarket

nodcotɔɔ

market

edwam

department store

sotɔɔ kɛseɛ

fishmonger's shop

baabi a yɛtɔn mpataa

mall

dwadibea kɛseɛ

harbor

suhyɛn gyinabea

park

baabi kaa gyina

bench

bɛnkye

bridge

ɛtwene

stairs

atwedeɛ

subway

asaase ase

tunnel

ɛbɔn

bus stop

baabi a bɔs gyina

bar

nsanombea

restaurant

adidibea

postbox

lɛta adaka

street sign

ɛkwan so akwankyerɛ

parking meter

baabi kaa gyina ho mita

zoo

zoo

swimming pool

nsuo a yɛ dware mu

mosque

nkramodan

city - kuro kɛseɛ

farm

afuo

pollution

deɛ egu mmɔnten so fi

cemetery

asieɛ

church

asɔre

playground

agodibea

temple

asɔre dan

landscape

mmɔnten so asiesie

signpost
sanbɔd

path
kwan

meadow
asaase a ɛsere wɔ so

stone
boba

hiker
ɔnantefoɔ

tree
dua

river
asubɔnten

grass
ɛsere

flower
nhwiren

valley

amenamu

hill

bepɔ

lake

tadeɛ

forest

kwaeɛ

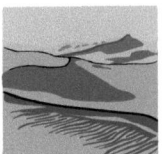

desert

ɛserɛ so

volcano

egya a efri botan mu

castle

abankɛseɛ

rainbow

nyankontɔn

mushroom

emere

palm tree

abɛtene

mosquito

ntomntom

fly

tu

ant

ntɛtea

bee

wowa

spider

ananse

landscape - mmɔnten so asiesie 15

beetle

amankuo

frog

aponkyerɛni

squirrel

opuro

hedgehog

apɛsɛ

hare

adanko

owl

patuo

bird

anomaa

swan

nsuo mu dabodabo

boar

kɔkɔte

deer

adoa

moose

ɔtweenini

dam

dam

wind turbine

wind turbine afidie

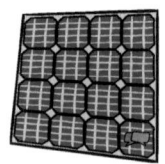

solar panel

afidie a ɛkye awia

climate

wiem nsakraeɛ

restaurant
adidibea

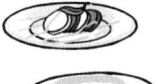

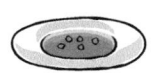

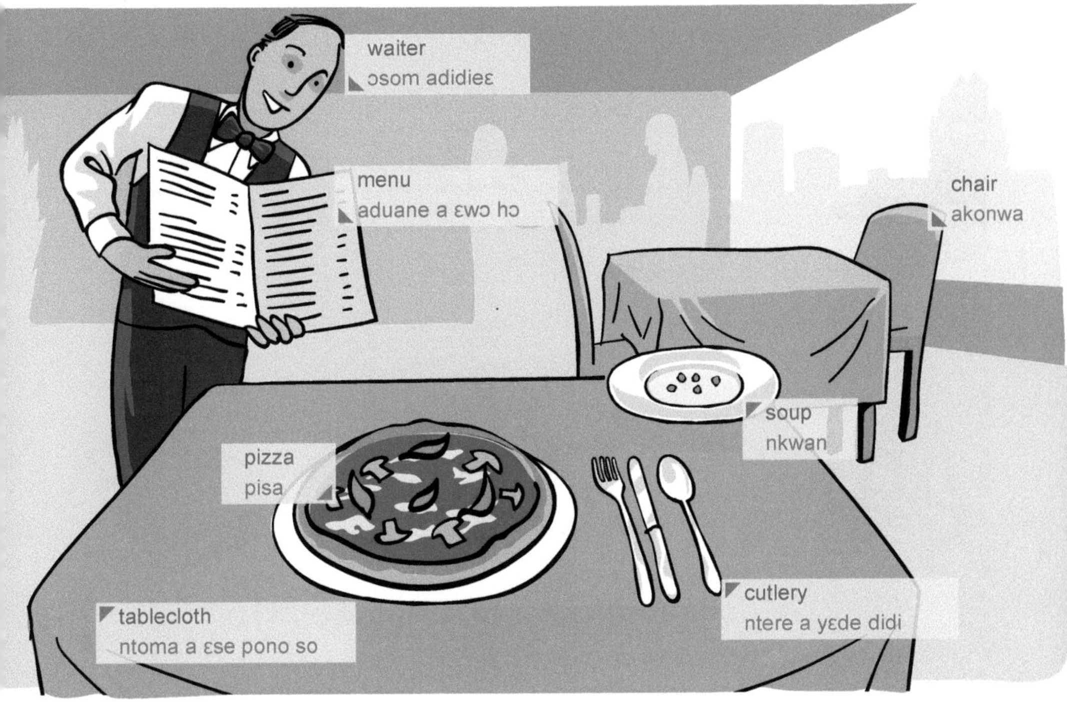
waiter
ɔsom adidieɛ
menu
aduane a ɛwɔ hɔ
chair
akonwa
soup
nkwan
pizza
pisa
cutlery
ntere a yɛde didi
tablecloth
ntoma a ɛse pono so

starter
mprampra anom

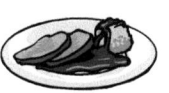

main course
aduane no ankasa

dessert
mpa anom

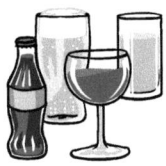

drinks
nsa

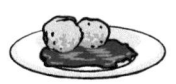

food
aduane

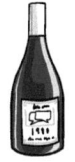

bottle
toa

fast food
aduane hyewhyew

street food
abɔnten so aduane

teapot
tii kukuo

sugar bowl
asikyire konko

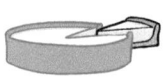

portion
wo kyɛfa

espresso machine
espresso afidie

high chair
akonwa tenten

bill
wo ka

tray
apanpan

knife
sekan

fork
adinam

spoon
atere

teaspoon
atere ketewa

serviette
napkin a yɛde pepa ano

glass
glase

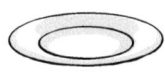

plate

prɛte

soup plate

kwan kyɛnsee

saucer

prɛte ketewa

sauce

abomu

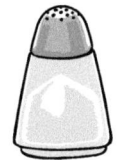

salt shaker

nkyene kukuo

pepper mill

yɛde yam mako

vinegar

fenega

oil

anwa

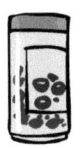

spices

aduhwam

ketchup

kɛkyɔp

mustard

mustad

mayonnaise

mayones

supermarket
sotɔɔpɔn

special offer
ntesoɔ soronko
FOR
customer
adetɔfoɔ
dairy products
nanatwie nufusuo
fruit
aduaba
shopping cart
hwiili

BUTCHERS

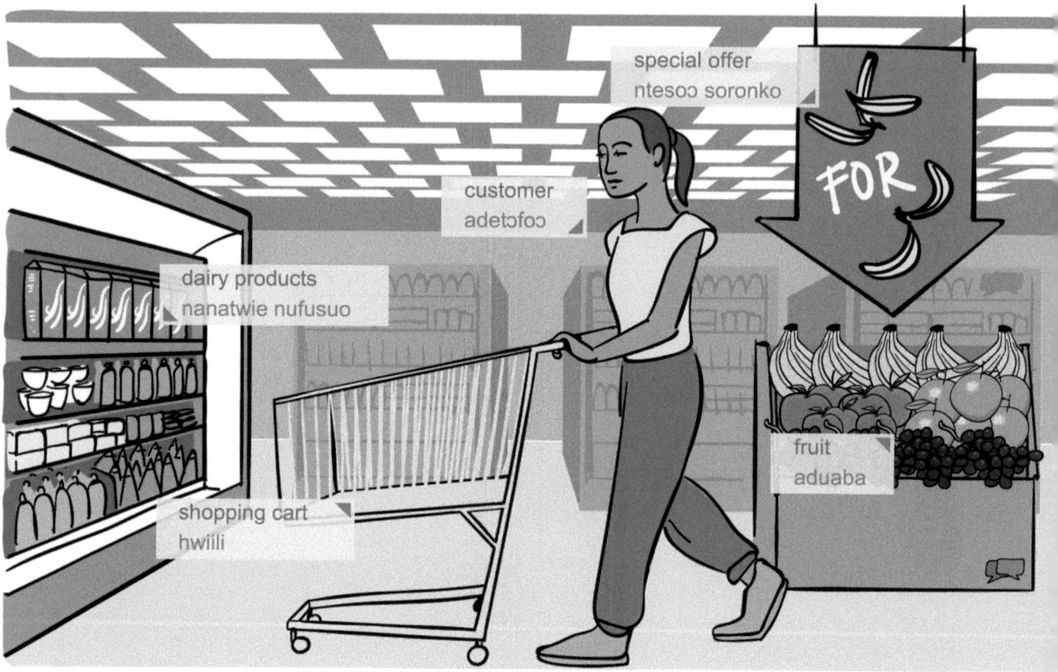

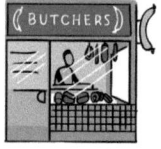

butcher's shop

baabi a yɛtɔn nam

BAKERY

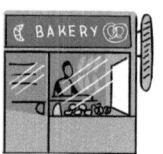

bakery

baabi a yɛtɔn paano

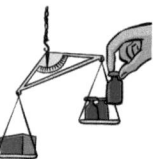

weigh

susu

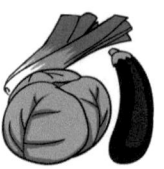

vegetables

atosodeɛ

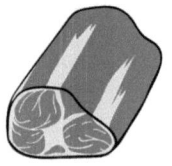

meat

nam

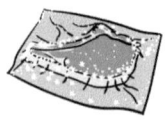

frozen food

frigyemu aduane

cold cuts
nam a adwoɔ

canned food
kyɛnsee mu aduane

detergent
paoda samena

candy
adedɔkɔdɔkɔ

household products
efie nneɛma

cleaning products
adetɔneɛ a yɛde pepa fin

sales representative
nnipa a ɔtɔn adeɛ

cash register
afidie a egye sika

cashier
ɔgyegye sika

shopping list
krataa a wodi rekɔ di dwa

opening hours
berɛ a wɔde bua

wallet
sikabotɔ

credit card
kaade a yɛde yi sika

bag
baage

plastic bag
rɔba baage

---

supermarket - sotɔɔpɔn

water

nsuo

juice

aduaba mu nsuo

milk

nufusuo

coke

kok

wine

wain nsa

beer

biya

alcohol

mmorosa

cocoa

kokoo

tea

tii

coffee

kofe

espresso

espresso

cappuccino

kapukyino

banana

kwadu

apple

apol

orange

ankaa

melon

melon

lemon

akutoɔ

carrot

karɔt

garlic

garlik

bamboo

pampro

onion

gyeene

mushroom

mmere

nuts

nkateɛ

noodles

talia

spaghetti

spageti

rice

ɛmo

salad

salad

fries

kyipis

fried potatoes

abrɔdwomaa a y'akye

pizza

pisa

hamburger

hambɔga

sandwich

sanwekye

escalope

nam a dompe nnim

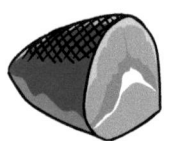

ham

preko nam

salami

nam a y'ahata

sausage

sɔsege

chicken

akokɔ

roast

toto

fish

apataa

porridge oats

oosu koko

muesli

muesli

cornflakes

konflese

flour

esam

croissant

krossant

bread roll

paano a y'abobɔ

bread

paano

toast

paano a y'atoto

cookies

biskete

butter

bɔta

curd

nufusuo a ada

cake

keeke

egg

kosua

fried egg

kosua a y'akyeɛ

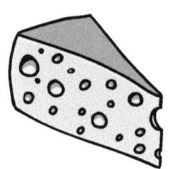

cheese

kyiis

ice cream

asskrim

sugar

asikyire

honey

ɛwoɔ

jelly

gyaam

nougat cream

kyokolete

curry

kɔri

farm
afuo

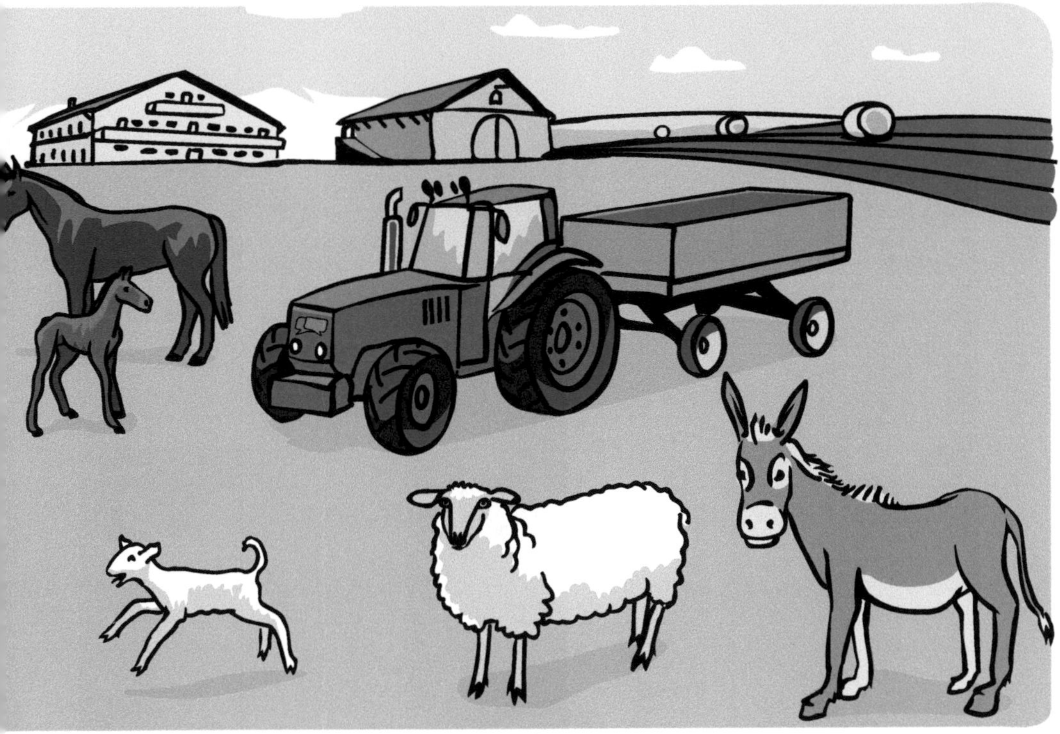

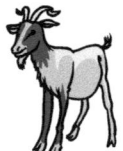

goat

apɔnkye

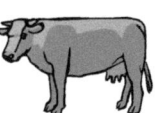

cow

nantwie

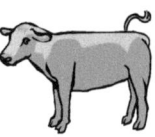

calf

nantwie ba

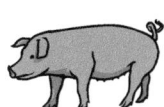

pig

prɛko

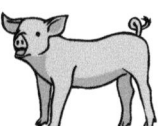

piglet

prɛko ba

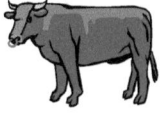

bull

nantwinini

goose

dabodabo nua

duck

dabodabo

chick

akokɔba

hen

akokɔbedeɛ

cockerel

akokɔnini

rat

kusie

cat

ɔkra

mouse

akura

ox

nantwinini

dog

kraman

dog house

kraman buo

garden hose

afuom drobɛn

watering can

tontora a yɛde gu nsuo

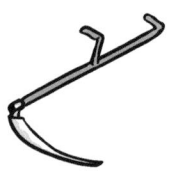

scythe

sekan a yɛde twa aburo

plow

funtum dadeɛ

sickle

kontɔnkrɔ

hoe

asɔ

pitchfork

afuom adinam

axe

akuma

pushcart

hweebaro

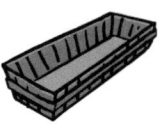

trough

adidika

milk can

nufusuo konko

sack

bɔtɔ

fence

ɛban

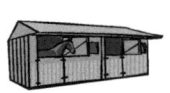

stable

pɔnkɔ dan

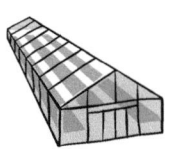

greenhouse

ntomadan a yɛyɛ mu afuo

soil

anwea

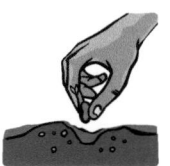

seed

aba

fertilizer

ɔyɛ asaaseyie

combine harvester

otwaberɛ trakta

harvest

twa

harvest

otwaberɛ

yams

bayerɛ

wheat

ayuo

soya

soya

potato

abrɔdwomaa

corn

aburo

rapeseed

repu aba

fruit tree

dua a ɛso aba

manioc

bankye

grain

aburo asefoɔ

living room

asaso

bathroom

adwareɛ

kitchen

mukaase

bedroom

pie mu

kids room

nkwadaa dan mu

dining room

dan a yɛdidi mu

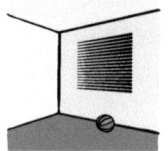

floor

ɛfam

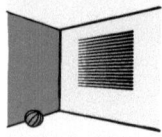

wall

ɛban

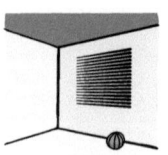

ceiling

abruuso

cellar

danbloo

sauna

adwereɛ a ɛbɔ ɔhyew

balcony

abranaa

terrace

abranaaso

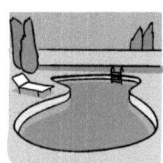

pool

nsuo a yɛdware mu

lawn mower

afidie a yɛde dɔ

sheet

nsɛfam

bedspread

ntoma a ɛse kɛtɛ so

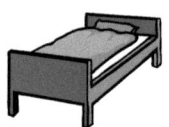

bed

mpa

broom

prayɛ

bucket

bokiti

switch

dane

living room
asaso

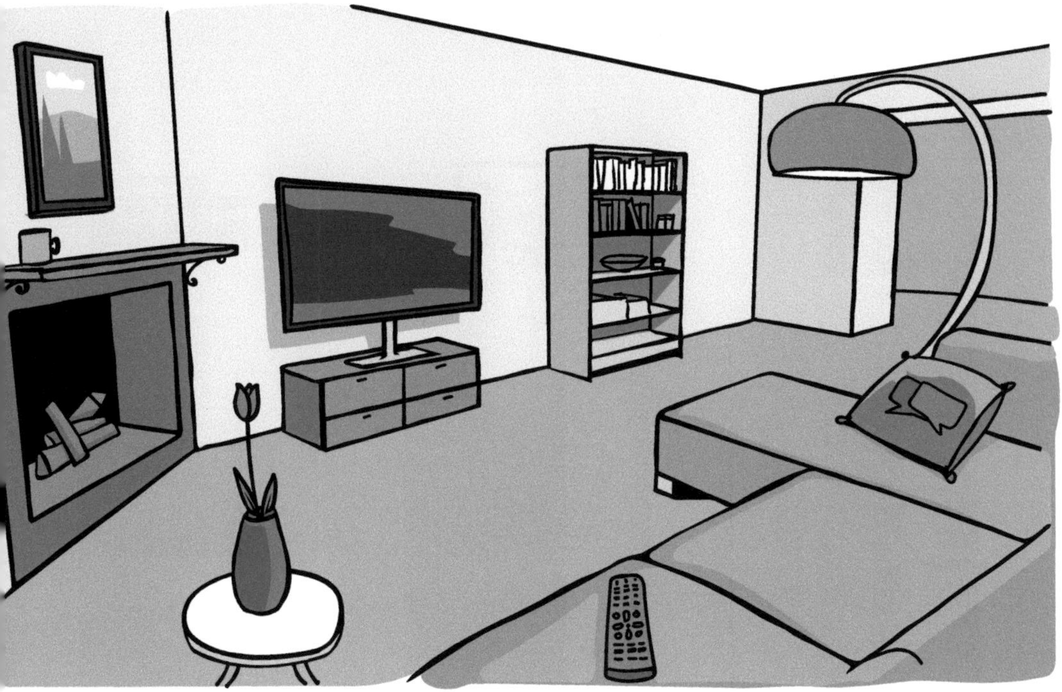

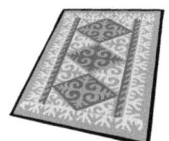

carpet

kapɛte

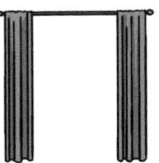

drape

ntwaa dan mu

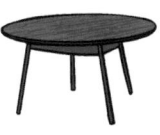

table

ɛpono

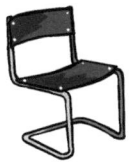

chair

akonwa

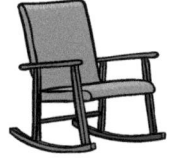

rocking chair

akonwa a ehinhim

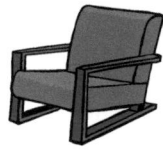

armchair

akonwa a yɛgyegye dan

book

nwoma

blanket

kuntu

decoration

dan mu nsiesie

firewood

egya

film

sini

stereo system

wailɛs

key

safoa

newspaper

koowaa krataa

painting

nfonin a y'adwi

poster

nfam danho

radio

radio

notebook

krataa a yɛ twere mu

vacuum cleaner

afidie a ɛprapra

cactus

kaktus

candle

kyɛnere

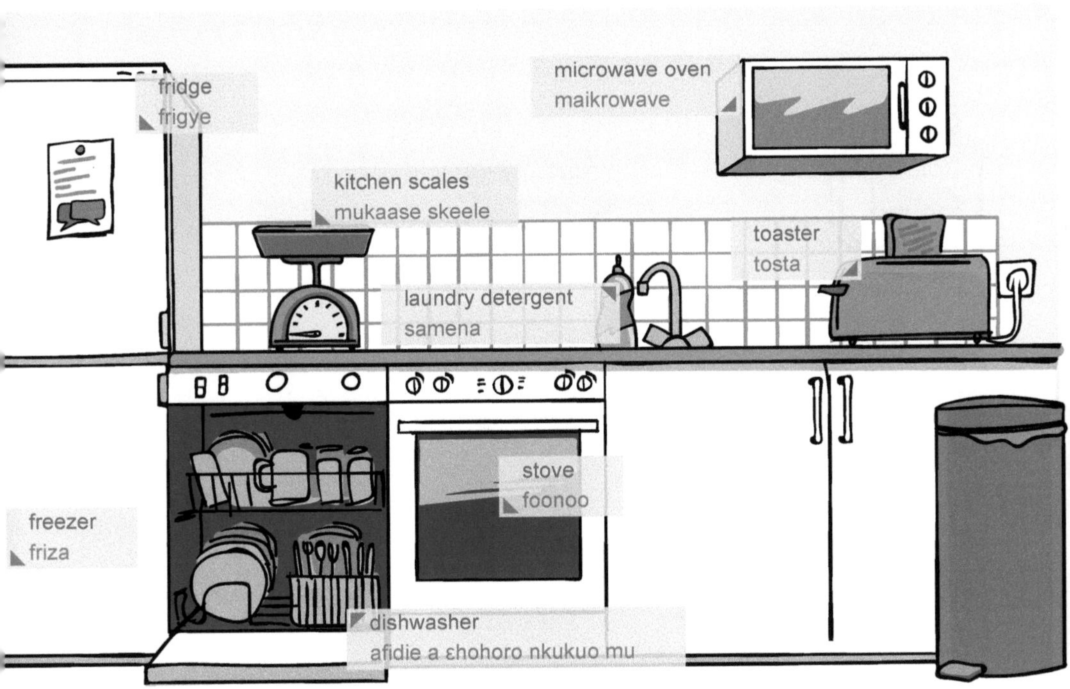

fridge
frigye

microwave oven
maikrowave

kitchen scales
mukaase skeele

toaster
tosta

laundry detergent
samena

stove
foonoo

freezer
friza

dishwasher
afidie a ɛhohoro nkukuo mu

cooker	pot	cast-iron pot
abɛɛfo bukyea	kokuo	dadesɛn
	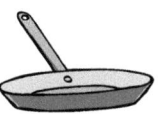	
wok / kadai	pan	kettle
wok / kadai	kyɛnsee	nsuo hyeɛ afidie

steamer

stiima

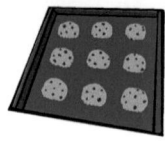

baking tray

apa a yɛ to so adeɛ

crockery

prɛte, kuruwa, ntere ne nea ɛkeka ho

mug

kuruwa a etumi bɔ

bowl

kyɛnsee

chopsticks

nnua a yɛde didi

ladle

kwantre

spatula

dua atere

whisk

yɛde nu adeɛ mu

strainer

sɔneɛ

sieve

fefe

grater

greta

mortar

waduro

barbecue

kyinkyinga

fireplace

bukyea

chopping board
Ɛpono a yɛ twitwaso adeɛ

rolling pin
ɛta

corkscrew
deɛ yɛtu nsa so

can
konko

can opener
deɛ yɛde bue konko so

oven cloth
yɛde sɔ kukuo mu

sink
sink

brush
brɔhye

sponge
sapɔ

blender
aduane yam fidie

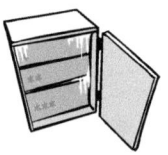

deep freezer
friza nini

baby bottle
toa a abɔdoma nom ano

tap
paipo

bathroom

adwareɛ

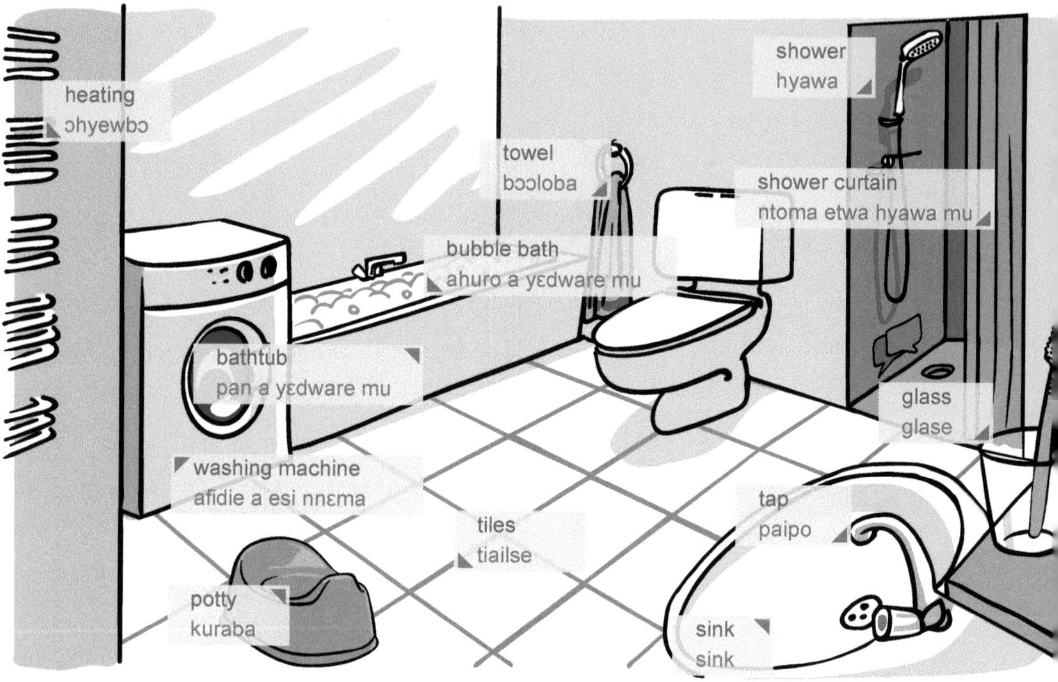

heating
ɔhyewbɔ
towel
bɔɔloba
shower
hyawa
shower curtain
ntoma etwa hyawa mu
bubble bath
ahuro a yɛdware mu
bathtub
pan a yɛdware mu
glass
glase
washing machine
afidie a esi nnɛma
tap
paipo
tiles
tiailse
potty
kuraba
sink
sink

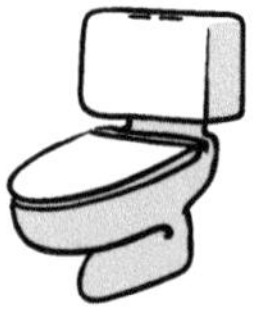
toilet
teɛfi

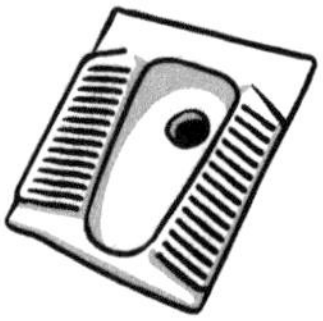
squat toilet
teɛfi a yɛ koto so

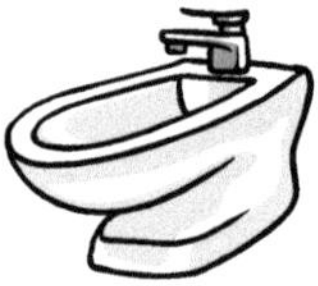
bidet
bidet teɛfi

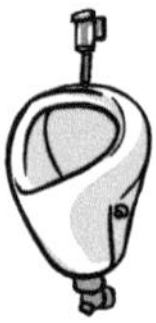
urinal
dwonsɔ dan

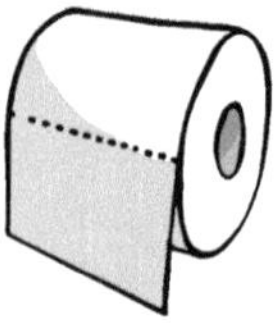
toilet paper
teɛfi so krataa

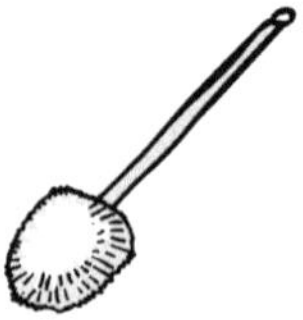
toilet brush
teɛfi so brɔhye

toothbrush

brohye a yɛde twitwiri see

toothpaste

aduro a yɛde twitwiri see

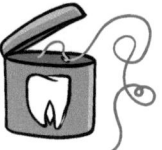

dental floss

yɛde yiyi ɛsee mu

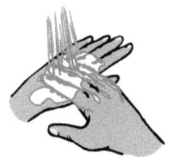

wash

si

hand shower

hyawa a yɛsɔ mu

douche

paipo a yɛde hohoro ananmu

basin

bokiti

back brush

brohye a wode dware w'akyi

soap

samena

shower gel

hyawa samena

shampoo

nsuo samena

flannel

flanɛl ntoma

drain

baabi a nsu fa pue

creme

nku

deodorant

yɛde fefa amotoamu

bathroom - adwareɛ

mirror

ahwehwɛ

hand mirror

ahwehwɛ a yɛsɔ mu

razor

bled

shaving foam

ahuro a yɛde yi nwi

aftershave

aduro a yɛde fefa baabi a
wo ayi nwi

comb

afen

brush

brɔhye

hair-dryer

afidie a ɛwo nwi

hairspray

enwi sopre

makeup

pɔns

lipstick

lipstike

nail varnish

penti a yɛde mɔreɛ so

cotton wool

asaawa

nail scissors

apasoɔ a etwa mmɔreɛ

perfume

aduhwam

washbag

adwareɛ baage

stool

edwa

weighing scales

skele

bathrobe

adwereɛ ataadeɛ

rubber gloves

rɔba a yɛde hyɛ nsa ho

tampon

tampon

sanitary towel

abɛɛfo amonsen

chemical toilet

teɛfi a aduro gum

kids room

nkwadaa dan mu

alarm clock
klɔk a ɛbɔ nkaeɛ
cuddly toy
kyoobi
toy car
toi kaa
rattle
akasaa
doll's house
broniba dan
present
seeseiara

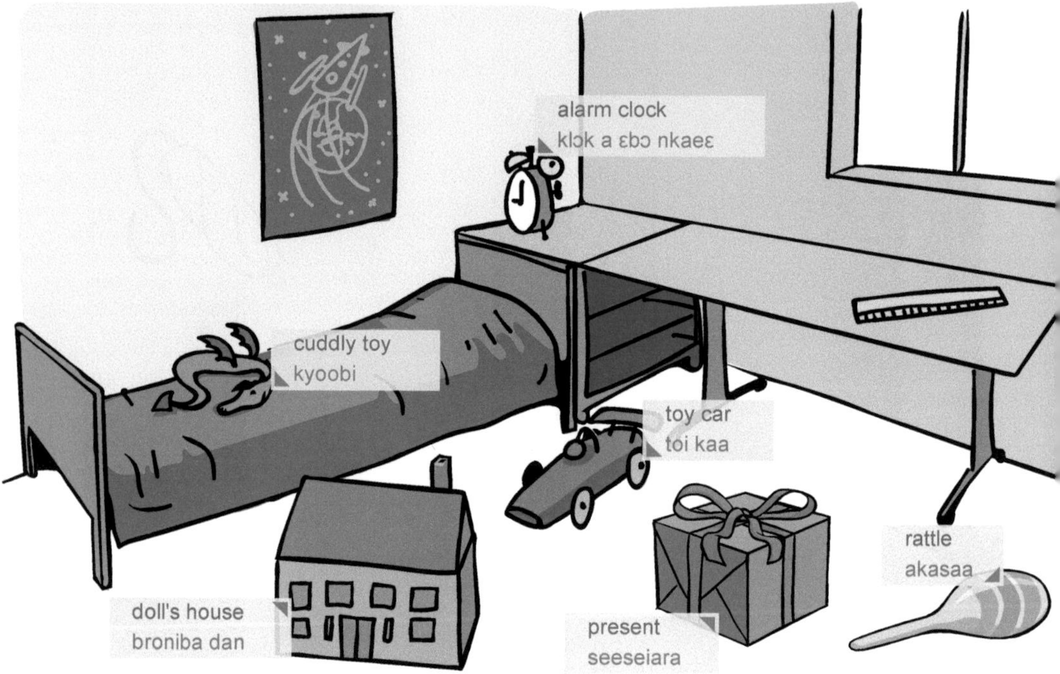

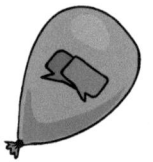

balloon

baaluu

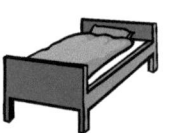

bed

mpa

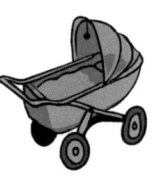

stroller

nkwadaa kaa

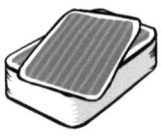

deck of cards

sopaa

jigsaw

gyiksɔɔ

SUPER MEGA

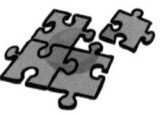

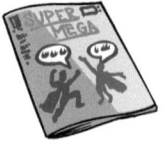

comic

nsɛnkwa

lego bricks

lego blɔg

toy blocks

blɔg a yɛde si dan

action figure

nnipa ɔbɔhye

romper suit

abɔdoma ataadeɛ

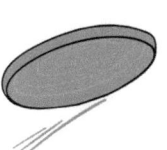

frisbee

frisbee

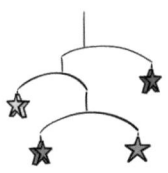

mobile

mobail

board game

ponoso agodie

dice

daahye

model train set

nkwadaa keteke

pacifier

koliko

party

apontoɔ

picture book

nfonin nwoma

ball

bɔɔlo

doll

broniba

play

di agorɔ

sandpit

anwea adaka

swing

adonko

toys

tois

video game console

video agodie apaawa

tricycle

sakre a ne nan meɛnsa

teddy bear

kyoobi

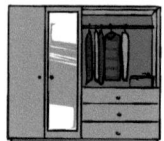

wardrobe

wɔdropo

clothing

ntaadeɛ

socks

sɔks

stockings

stokens

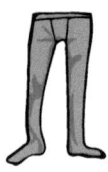

tights

sekentait

scarf
duku

umbrella
kyinieɛ

t-shirt
t-hyɛɛt

belt
bɛlɛte

boots
mpaboa

slippers
kyalewate

sneakers
kamboo

sandals	shoes	rubber boots
asopatre	mpoboa	rɔba mpaboa
underwear	bra	undershirt
ɛtam	bra	singlɛte

clothing - ntaadeɛ

45

body

nipadua

pants

trɔsa

jeans

gyins

skirt

sekɛɛt

blouse

ɛsoro ataadeɛ

shirt

hyɛɛte

pullover

nkatoho a ɛko awɔ

sweater

hoodie

blazer

koot

jacket

nkatasoɔ

coat

nkatasoɔ

raincoat

nsutɔ mu nkataho

costume

dwumadie bi ho ataadeɛ

dress

mmaa atadeɛ

wedding dress

ayefrɔ ataadeɛ

suit

kootu

nightgown

mmaa ataadeɛ a yɛde da

pajamas

pigyamas ataadeɛ

sari

sari

headscarf

duku

turban

abotire

burka

burka

kaftan

kaftan

abaya

nkramofoɔ mmaa atadeɛ

swimsuit

ataadeɛ a yɛde dware nsuo

trunks

asenemu ataadeɛ

shorts

nika

tracksuit

agokansie ntaadeɛ

apron

akatasoɔ

gloves

nsa nkataho

clothing - ntaadeɛ

button

bɔtom

glasses

sopɛɛse

bracelet

ahwneɛ

necklace

komadeɛ

ring

kawa

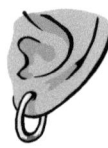

earring

asomadeɛ

cap

ɛkyɛ

coat hanger

yɛde koot sɛn so

hat

ɛkyɛ

tie

abɔmene mu

zip

zip

helmet

ɛkyɛ denden

braces

bresis

school uniform

sukuu ataadeɛ

uniform

adwuma ataadeɛ

clothing - ntaadeɛ

bib

mmɔfra bib

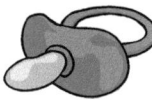

pacifier

koliko

diaper

nkwadaa napken

office

asoeɛ

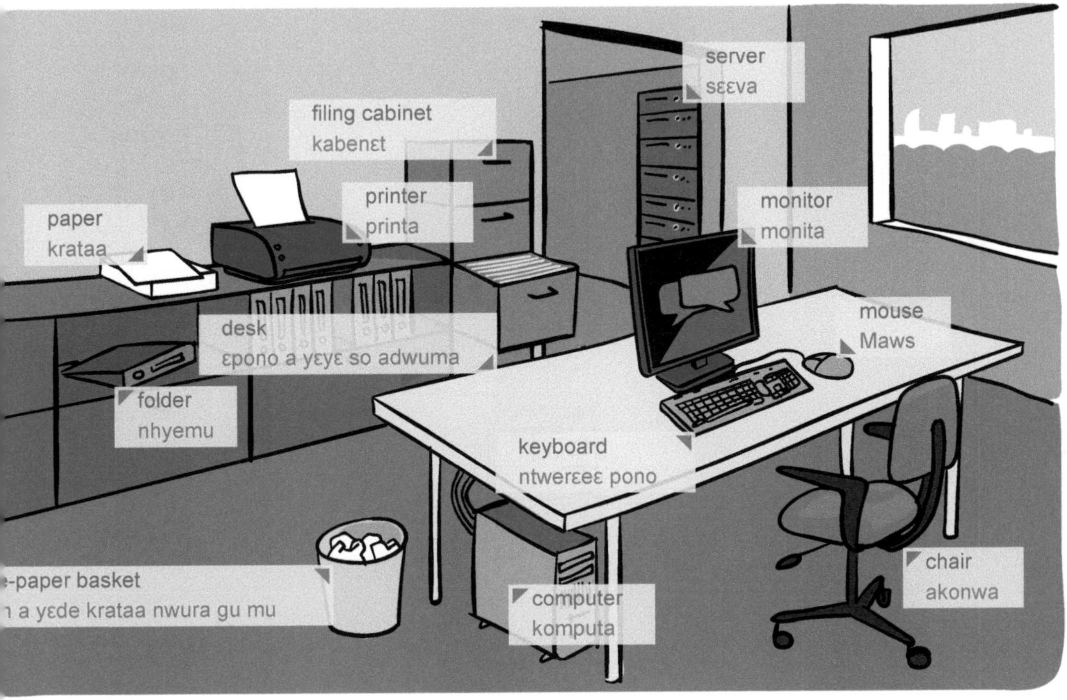

server
sɛɛva

filing cabinet
kabenɛt

printer
printa

monitor
monita

paper
krataa

mouse
Maws

desk
ɛpono a yɛyɛ so adwuma

folder
nhyemu

keyboard
ntwerɛeɛ pono

chair
akonwa

-paper basket
n a yɛde krataa nwura gu mu

computer
komputa

coffee mug

kɔfe kuruwa

calculator

akontabuo fidie

internet

intanɛt

laptop

laptop

letter

lɛta

message

nkratoɔ

cell phone

mobail kasafidie

network

nɛtwɛke

photocopier

fotokɔpi

software

softwɛɛ

telephone

tetefon

plug socket

sɔkɛt

fax machine

faks afidie

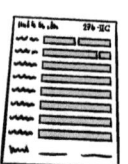

form

katraa

document

nkrataa

buy

tɔ

pay

tua

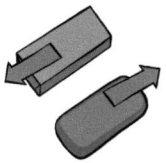

trade

di dwa

money

sika

dollar

dollar

euro

euro

yen

yen

rouble

rubel

Swiss franc

Swiss franks

renminbi yuan

renminbi yuan

rupee

rupii

cash point

baabi yɛtua sika

currency exchange office

baabi a yɛ sesa sika

gold

sika kɔkɔɔ

silver

dwetɛ

oil

now

energy

ahooden

price

ne boɔ

contract

kontragye

tax

ɛtoɔ

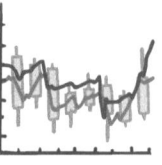

stock

stɔk

work

adwuma

employee

adwumayɛni

employer

adwumawura

factory

mfididwuma mu

shop

sotɔɔ

occupations
nwuma ahodoɔ

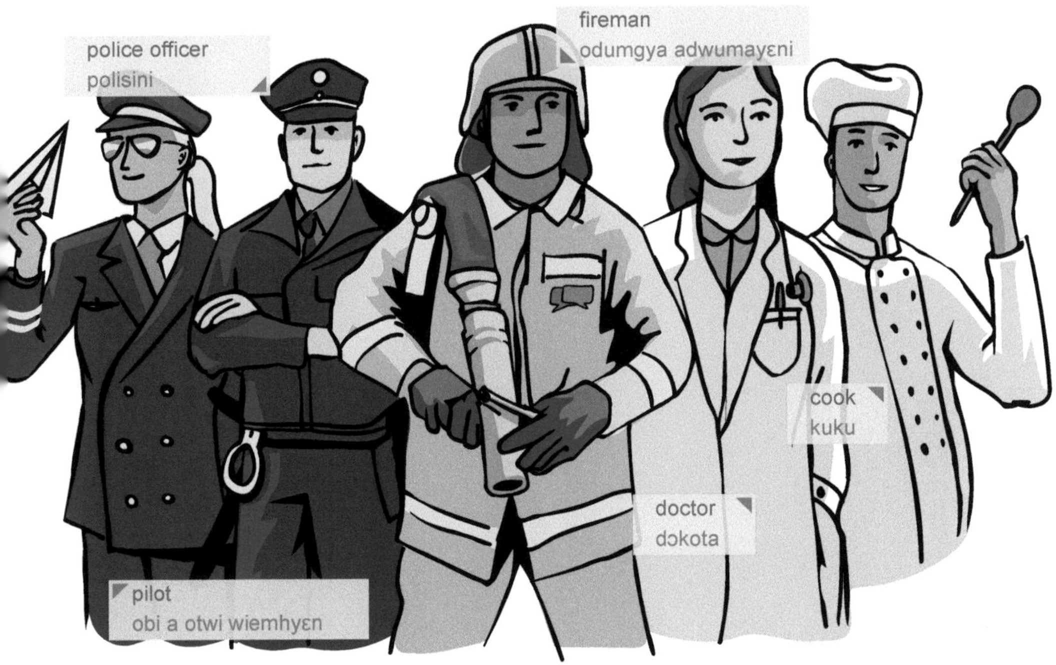
police officer
polisini
fireman
odumgya adwumayɛni
cook
kuku
doctor
dɔkota
pilot
obi a otwi wiemhyɛn

gardener

ɔyɛ afuo

carpenter

dua dwomfoɔ

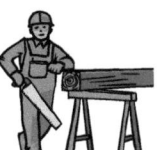

seamstress

adepani baa

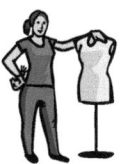

judge

atɛnmuafoɔ

chemist

ɔtɔn nnuro

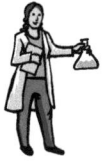

actor

sini yɛfoɔ

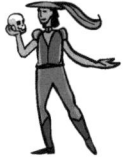

bus driver

bɔs drɔba

taxi driver

taisi drɔba

fisherman

ɔpofoɔ

cleaning lady

ɔbaa a osiesie fie

roofer

ɔbɔdanso

waiter

ɔsom adidieɛ

hunter

bɔmofoɔ

painter

penta

baker

ɔto paano

electrician

ɔyɛ nkaneɛ ho adwuma

builder

ɔdansifoɔ

engineer

inginia

butcher

ɔdwa nam

plumber

plɔmba

postman

krataa manefoɔ

soldier

sogyani

architect

ɔdwi adan

cashier

ɔgyegye sika

florist

ɔtɔn nhwiren

hairdresser

ɔyɛ tire

conductor

meeti

mechanic

fitani

captain

nnipa a otwi suhyɛn

dentist

ɛsee dɔkota

scientist

abɔdeɛ mu nimdefoɔ

rabbi

rabi

imam

kramo panin

monk

ɔsɔfo

pastor

ɔsɔfo

tools

anwenade

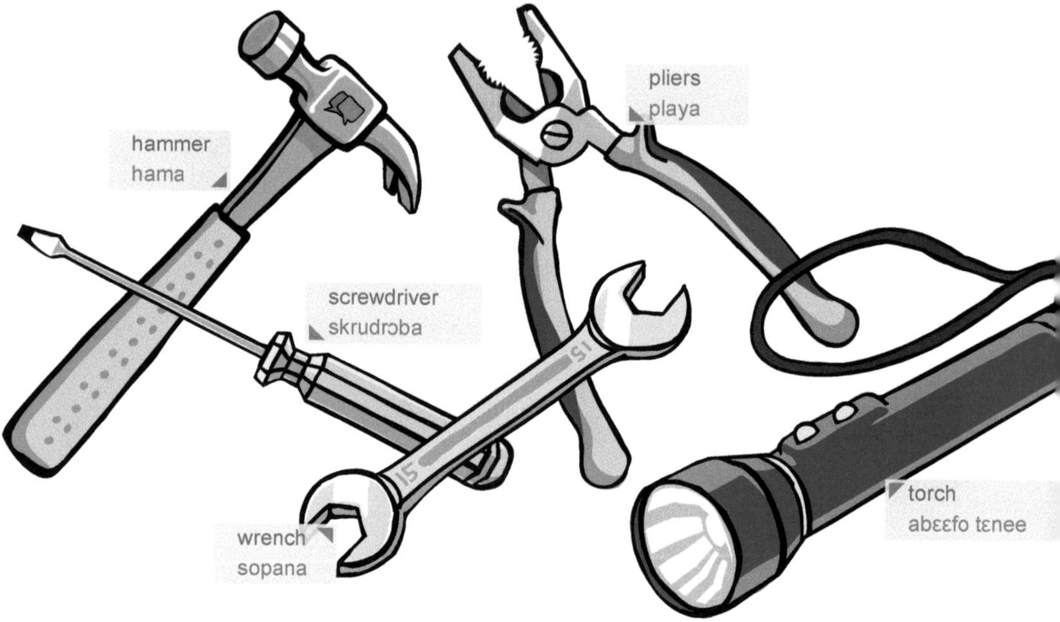
hammer
hama
pliers
playa
screwdriver
skrudrɔba
wrench
sopana
torch
abɛɛfo tɛnee

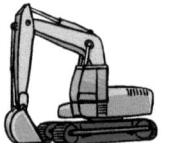

excavator

otu amena

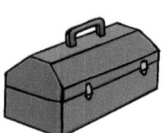

toolbox

anwenade adaka

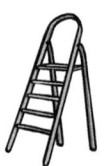

ladder

atwedeɛ

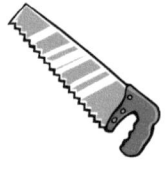

saw

asradaa

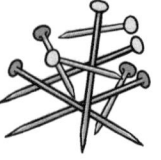

nails

nnadewa

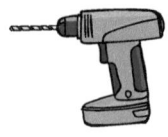

drill

afidie a yɛde bɔne tokro

repair	shovel	Damn!
siesie	sofi	Ebei!

dustpan	paint can	screws
asanwura	penti kukuo	skruu

musical instruments

nneɛma a yɛde bɔ nwom

drum set
nneama a yɛde bɔ ntwene

loud speaker
msopika a anoyɛden

guitar
dwitae

double bass
bass dwitae kɛseɛ

trumpet
abɛn

piano

sankuo

violin

ahoma sankuo

bass

bass dwitae

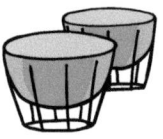

timpani

atumpan

drums

ntwene

keyboard

ntwerɛeɛ apa

saxophone

saksofon

flute

atentenbɛn

microphone

maikrofon

entrance
ɛpono anɔ

tiger
sɛbɔ

cage
mmoa dan

zebra
zebra

animal feed
mmoa aduane

panda
panda

animals

mmoa

elephant

ɔsono

kangaroo

kangaru

rhino

raino

gorilla

akatea

bear

sisire

camel

afunupɔnkɔ

ostrich

sohori

lion

gyata

monkey

adwee

flamingo

flamingo

parrot

ako

polar bear

awɔ mu sisire

penguin

penguin

shark

oboodede

peacock

akɔkonini abankwa

snake

ɔwɔ

crocodile

dɛnkyɛm

zookeeper

nnipa ɛhwɛ zoo so

seal

nsuo mu gyata

jaguar

sebɔ

pony

 pɔnkɔ ba

leopard

etwie

hippo

susuono

giraffe

kɔntenten

eagle

ɔkɔdeɛ

boar

kɔkɔte

fish

apataa

turtle

sudandan

walrus

walrus

fox

sakraman

gazelle

ɔtwee

American football
Amerikafoɔ futbɔɔlo

cycling
skre twie

tennis
tennis

basketball
basketbɔɔlo

swimming
nsuom adwareɛ

boxing
akutruku

ice hockey
asukɔkyea so hɔki

soccer
futbɔl

badminton
badmintin

athletics
mirikatuo

handball
bɔɔlo a yɛde nsa bɔ

skiing
skii

polo
polo

laugh
sere

jump
huri

hug
bam

walk
nante

sing
to dwom

dream
so daeɛ

pray
bɔ mpaeɛ

kiss
fe ano

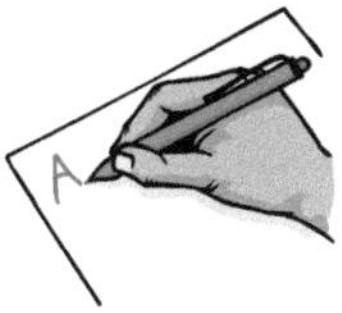

write
twerɛ

draw
dwi

show
kyerɛ

push
pia

give
ma

take
fa

have

nya

do

yɛ

be

yɛ

stand

gyina

run

tu mirika

pull

twe

throw

to

fall

tɔ fam

lie

da hɔ

wait

twɛn

carry

soa

sit

tenase

get dressed

hyɛ ataadeɛ

sleep

da

wake up

nyane

look at

hwɛ

cry

su

stroke

san ho

comb

nunum

talk

kasa

understand

te aseɛ

ask

bisa

listen

tie

drink

nom

eat

didi

tidy up

yɛ nsiesie

love

ɔdɔ

cook

noa

drive

twi

fly

tu

activities - nwumadie

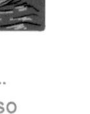

sail

fa nsuo so

calculate

sese

read

kenkan

learn

sua

work

adwuma

marry

ware

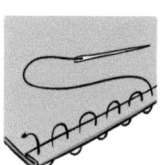

sew

pam

brush teeth

twitwiri wo se

kill

kum

smoke

nom gyɔt

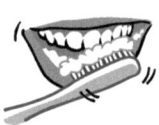

send

mane

activities - nwumadie

grandmother
nana baa

grandfather
nana barima

father
papa

mother
maame

baby
abɔdoma

daughter
ba baa

son
ba barima

guest

ɔhɔhoɔ

aunt

sewaa

uncle

wɔfa

brother

nua barima

sister

nua baa

body

nipadua

forehead
moma
eye
ani
shoulder
abɛtire
finger
nsatea
face
anim
chin
apantan
hand
nsa
breast
nufoɔ
leg
ɛnan
arm
nsa

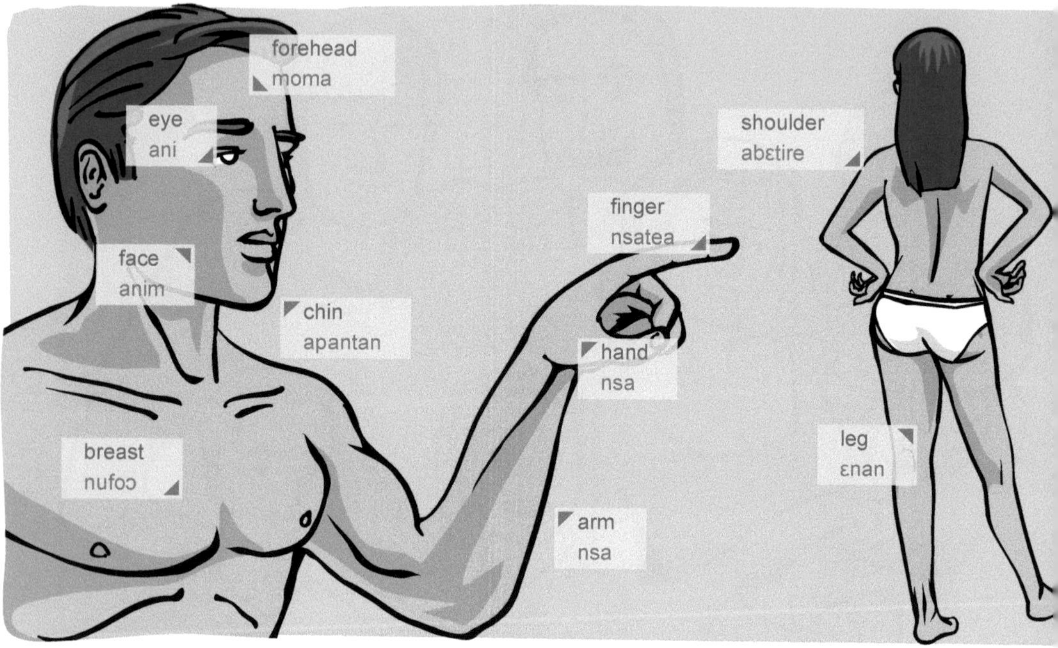

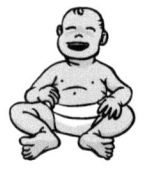

baby

abɔdoma

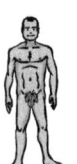

man

barima

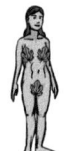

woman

ɔbaa

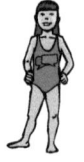

girl

abayewa

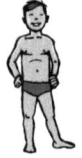

boy

abarimawa

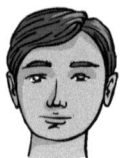

head

etire

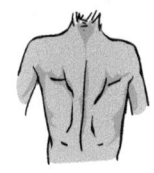

back
....
akyi

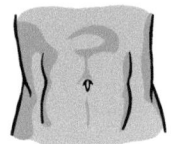

belly
....
afro

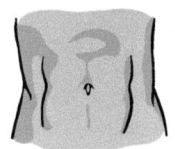

navel
....
fruma

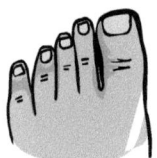

toe
....
nansoa

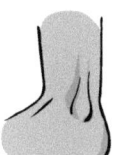

heel
....
nantini

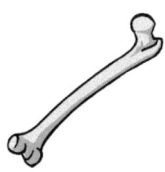

bone
....
dompe

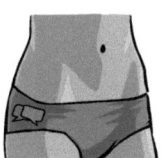

hip
....
ataasɔ

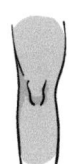

knee
....
kotodwe

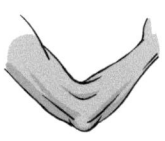

elbow
....
abatwɛ

nose
....
ɛhwene

buttocks
....
ɛtɔɔ

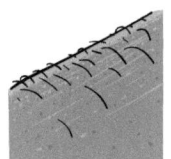

skin
....
wedeɛ

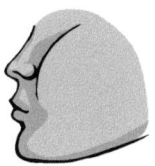

cheek
....
afono

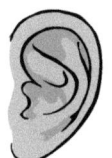

ear
....
aso

lip
....
ano

mouth

anom

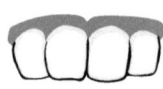

tooth

ɛsee

tongue

tɛkyerɛma

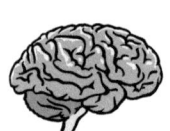

brain

adwene

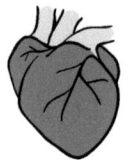

heart

akoma

muscle

ntini

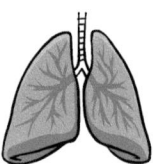

lung

aharawa

liver

brɛboɔ

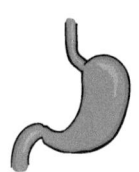

stomach

yafunu

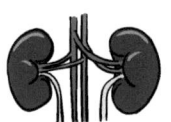

kidneys

asaa

sex

nna

condom

kɔndɔm

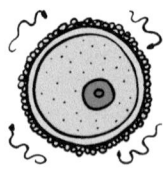

ovum

ɔbaa nkosua

semen

barima ho nsuo

pregnancy

nyinsɛn

body - nipadua

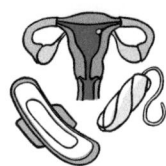

menstruation

nsabuo

vagina

ɛtwɛ

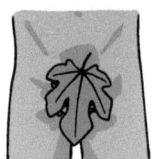

penis

kɔteɛ

eyebrow

anintɔn

hair

enwin

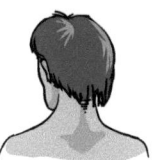

neck

ɛkɔn

hospital

ayaresabea

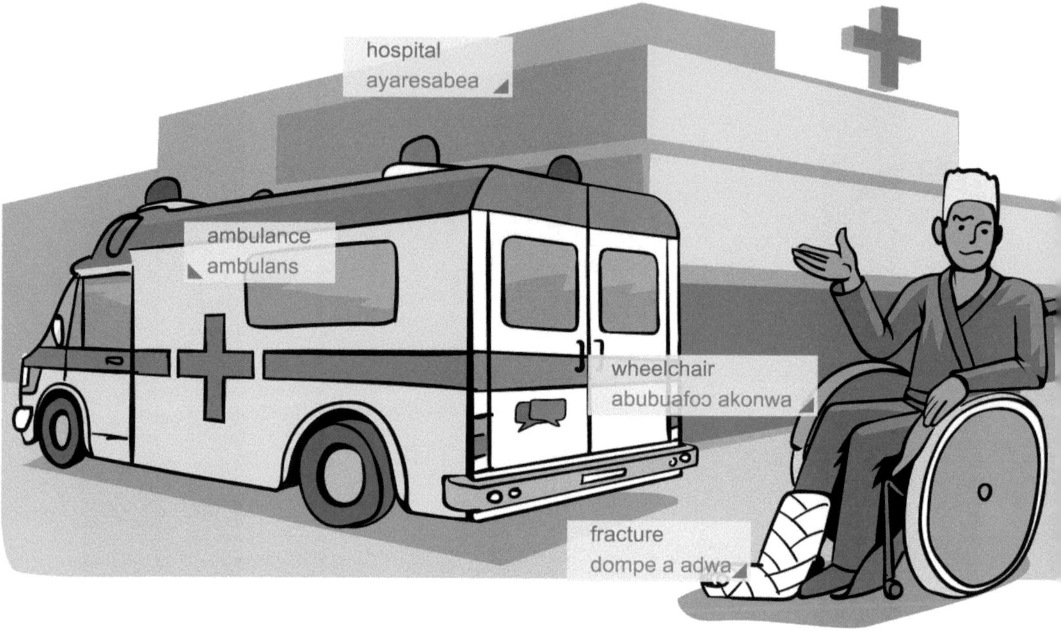

hospital
ayaresabea
ambulance
ambulans
wheelchair
abubuafoɔ akonwa
fracture
dompe a adwa

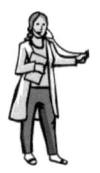

doctor

dɔkota

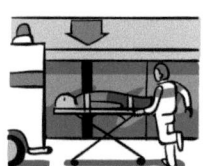

emergency room

ɛdan a wɔde putupru nsɛm kɔmu

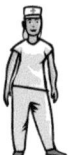

nurse

nɛɛse

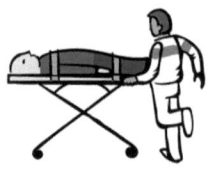

emergency

putupru

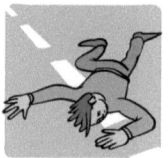

unconscious

wɔ atwa ahwe

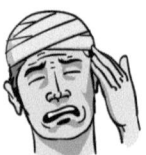

pain

yea

injury

epira

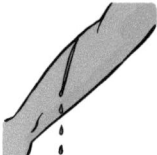

bleeding

mogyatuo

heart attack

akoma yarenini

stroke

stroke yareε

allergy

allegyi

cough

εwa

fever

ahoɔhyeε

flu

papu

diarrhea

ayamtuo

headache

tipaeε

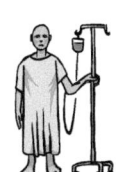

cancer

kokoram

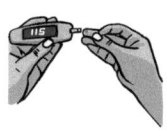

diabetes

asikyire yareε

surgeon

dɔkota a εyε oprehyεn

scalpel

skapεl sekan

operation

aprehyεn

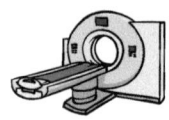

CT

CT

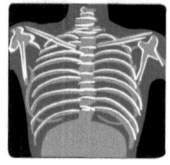

x-ray

x-ray

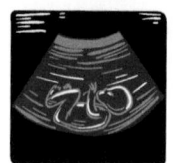

ultrasound

ultrasound

face mask

nkatanim

disease

yareɛ

waiting room

ɛdan a wɔ twɛn mu

crutch

krɔhyes

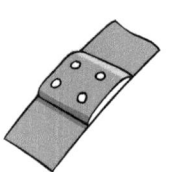

plaster

plasta

bandage

banege

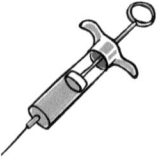

injection

paneɛ

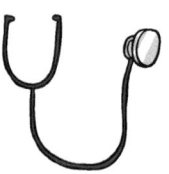

stethoscope

Stetoskop

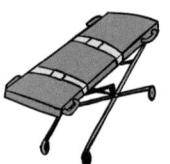

stretcher

ahomankaa

clinical thermometer

afidie a esusu ahoɔhyeɛ

birth

awoɔ

overweight

kɛseɛ mmorosoɔ

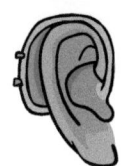

hearing aid

afidie a ɛboa asɛmtie

disinfectant

aduro a ekum mmoawa

infection

yareɛ a mmoawa deba

virus

vaarɔs

HIV / AIDS

HIV / AIDS

medicine

aduro

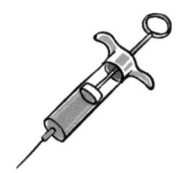

vaccination

aduro a esi yareɛ ano

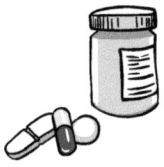

tablets

aduro tablɛte

pill

topaeɛ

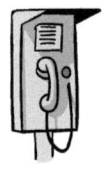

emergency call

ɔfrɛ wɔ putupru so

blood pressure monitor

afidie a esusu mogya
mmrosoɔ

ill / healthy

yareɛ / apomuden

Help!	alarm	assault
Boa me!	kɔkɔbɔ	ɛborɔ
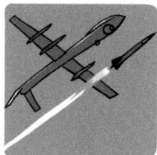		
attack	danger	emergency exit
ato ahyɛ obi so	ɛyɛ hu	baabi a yɛfa de pue putupru so

Fire!	fire extinguisher	accident
Ogya!	afidie a yɛde dumgya	nkwanhyia
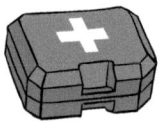		
first-aid kit	SOS	police
nneɛma yɛde sɔ yareɛ ano	SOS	polisi

Europe

Yuropo

North America

Amerika atifi

South America

Amerika ananfoɔ

Africa

Abiberm

Asia

Asia

Australia

Australia

Atlantic

Atlantik

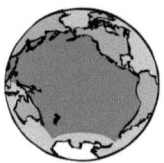

Pacific

Pasifek

Indian Ocean

India po kɛseɛ

Antarctic Ocean

Antaatek po keseɛ

Arctic Ocean

Aatek po kɛseɛ

North pole

Ewiase atifi

South pole

Ewiase anaafoɔ

Antarctica

Antaatek

earth

Ewiase

land

asaase

sea

ɛpo

island

supɔ

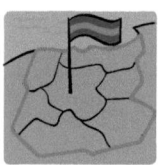

nation

ɔman

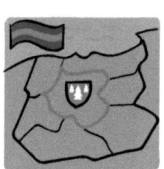

state

ɔman

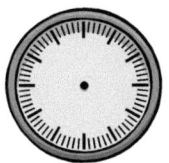

clock face

klɔko no anim

hour hand

dɔnhwere nsa no

minute hand

sima nsa

second hand

anitɛtɛ nsa no

What time is it?

Abɔ sɛn?

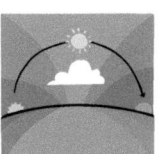

day

da

time

berɛ

now

seeseiara

digital watch

wkye a nɔma wɔ so

minute

sima

hour

dɔnhwere

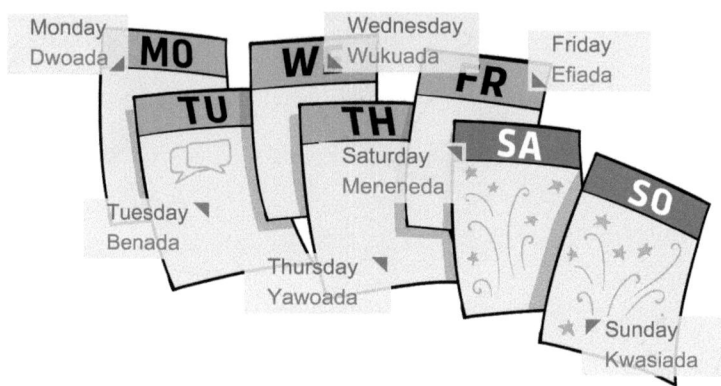

Monday
Dwoada

Tuesday
Benada

Wednesday
Wukuada

Thursday
Yawoada

Friday
Efiada

Saturday
Meneneda

Sunday
Kwasiada

yesterday

ɛnora

today

ɛnora

tomorrow

ɔkyina

morning

anɔpa

noon

prɛmtobrɛ

evening

anwumerɛ

MO	TU	WE	TH	FR	SA	SU
1	2	3	4	5	6	7
8	9	10	11	12	13	14
15	16	17	18	19	20	21
22	23	24	25	26	27	28
29	30	31	1	2	3	4

workdays

adwuma nna

MO	TU	WE	TH	FR	SA	SU
1	2	3	4	5	6	7
8	9	10	11	12	13	14
15	16	17	18	19	20	21
22	23	24	25	26	27	28
29	30	31	1	2	3	4

weekend

nnawɔtwe awieɛ

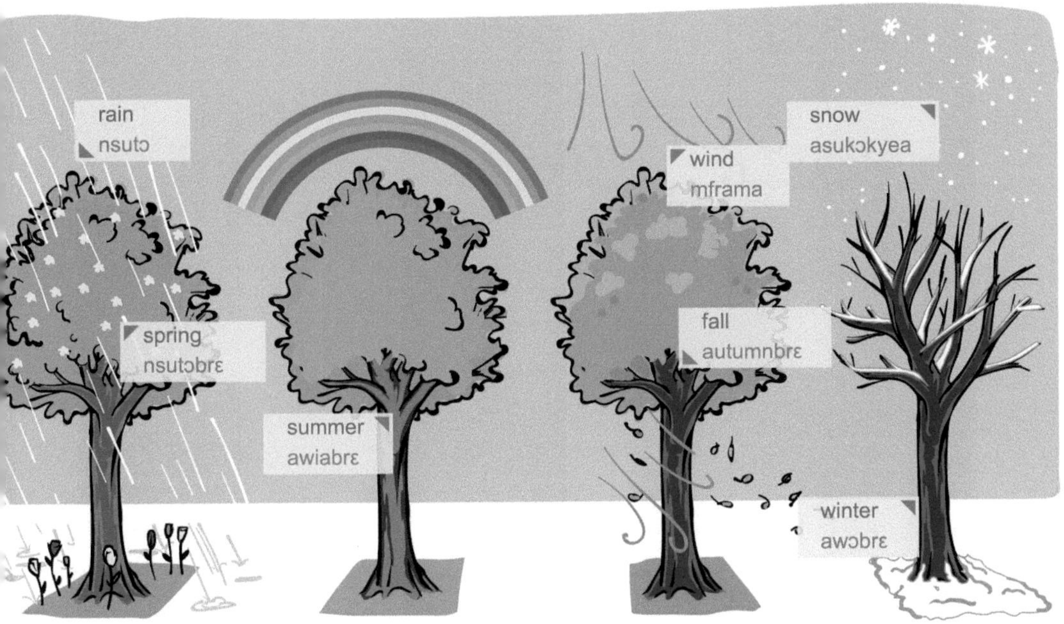
rain
nsutɔ
spring
nsutɔbrɛ
summer
awiabrɛ
wind
mframa
snow
asukɔkyea
fall
autumnbrɛ
winter
awɔbrɛ

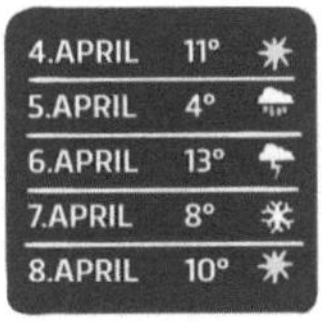
4.APRIL 11°
5.APRIL 4°
6.APRIL 13°
7.APRIL 8°
8.APRIL 10°

weather forecast

ewiem nsakrɛɛɛ

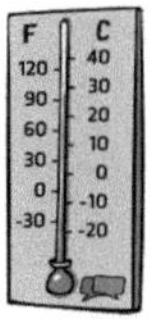
F C
120 90 60 30 0 -30
40 30 20 10 0 -10 -20

thermometer

afidie a esusu ade ho hyeɛ

sunshine

awiabɔ

cloud

munukum

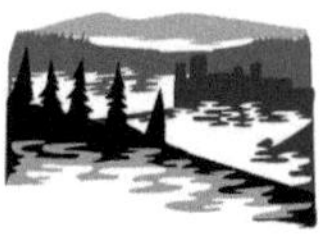

fog

ɛbɔ

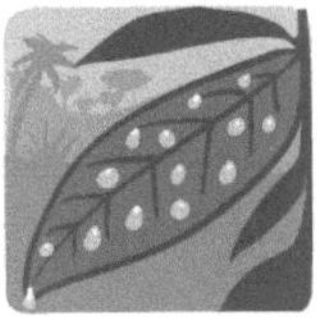

humidity

ewiem nsuo

lightning

ayerɛmo

thunder

apranaa

storm

ehum

hail

asukɔkyea

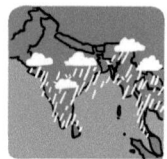

monsoon

monsoonbrɛ

flood

nsuyiri

ice

aise

January

ɔpɛpɔn

February

ɔgyefoɔ

March

ɔbɛnem

April

Oforisuo

May

Kotonimaa

June

Ayɛwohomumu

July

Kitawonsa

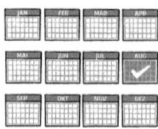

August

ɔsanaa

82   year - afe

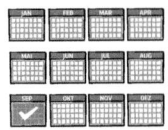

September
....
εbɔ

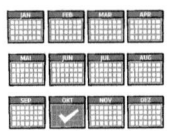

October
....
Ahinime

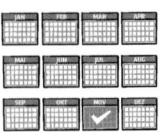

November
....
Obubuo

December
....
ɔpɛnimaa

shapes
abosuo

circle
....
kanko

square
....
sokwɛɛ

rectangle
....
rɛktangel

triangle
....
triangel

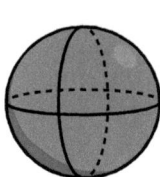

sphere
....
krukruwa

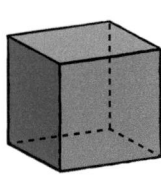

cube
....
adaka

white
....
fitaa

yellow
....
akokɔ sradeɛ

orange
....
ankaa

pink
....
pink

red
....
kɔkɔɔ

purple
....
pɛpol

blue
....
bruu

green
....
ahaban mono

brown
....
braun

gray
....
nson

black
....
tuntum

a lot / a little

pii / ketewa

angry / calm

wo boafu / wɔ adwo

beautiful / ugly

ɛyɛ fɛ / ɛyɛ tan

beginning / end

ahyɛseɛ / awieɛ

big / small

kɛseɛ / esua

bright / dark

ɛha / esum

brother / sister

nuabarima / nuabaa

clean / dirty

ɛho te / ayɛ fin

complete / incomplete

awie / enwieɛ

day / night

awia / anadwo

dead / alive

awu / ɛte ase

wide / narrow

emubae / ɛyɛ tea

edible / inedible

yɛde /yɛnni

evil / kind

bɔne / tema

excited / bored

wɔ aniagye / wɔ ani nka

fat / thin

ɔso / teatea

first / last

edikan / etwatoɔ

friend / enemy

adamfoɔ / atamfo

full / empty

ayɛ mma / hwee nim

hard / soft

ɛdenden / mmerɛ mmerɛ

heavy / light

ɛyɛ duru / ɛyɛ ha

hunger / thirst

ɛkɔm / nsukɔm

ill / healthy

yareɛ / apomuden

illegal / legal

etia mmara / ɛwɔ mmara mu

intelligent / stupid

nyansa / gyimi

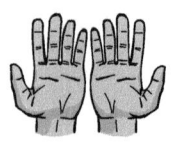

left / right

benkum / nifa

near / far

ɛbɛn / akyire

new / used

foforɔ / dada

nothing / something

hwee / biribi

old / young

wɔ anyini/ ɔsua

on / off

sɔ /dum

open / closed

bue / tom

quiet / loud

dinn / dede

rich / poor

ɔdefoɔ / ohia

right / wrong

nifa / benkum

rough / smooth

werewerɛwerewerɛ / trontron

sad / happy

awerɛhoɔ / anigyeɛ

short / long

tietia / tenten

slow / fast

nyaa / ntɛm

wet / dry

afɔ / awɔ

warm / cool

dedɛɛdeɛɛ / adwo

war / peace

akoo / asomdweɛ

opposites - abirabɔ

0

zero

hwee

1

one

baako

2

two

mienu

3

three

meɛnsa

4

four

ɛnan

5

five

enum

6

six

nsia

7

seven

nson

8

eight

nwɔtwe

9

nine

nkron

10

ten

edu

11

eleven

du-baako

12
twelve
du-mienu

13
thirteen
du-meɛnsa

14
fourteen
du-nan

15
fifteen
du-num

16
sixteen
du-nsia

17
seventeen
de-nson

18
eighteen
du-nwɔtwe

19
nineteen
du-nkron

20
twenty
aduonu

100
hundred
ɔha

1.000
thousand
apem

1.000.000
million
ɔpepem

numbers - nɔma

English
....
Brɔfo

American English
....
Amerikafoɔ Brɔfo

Chinese Mandarin
....
Chainfoɔ Mandarin

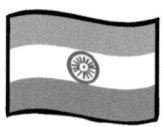

Hindi
....
Hindi

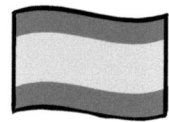

Spanish
....
Spainfoɔ kasa

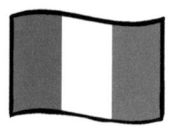

French
....
French kasa

Arabic
....
Arabia kasa

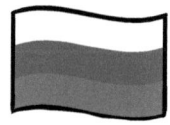

Russian
....
Russianfoɔ kasa

Portuguese
....
Portugalfoɔ kasa

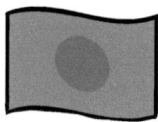

Bengali
....
Bengali

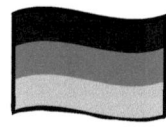

German
....
Germanfoɔ kasa

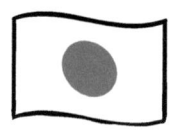

Japanese
....
Japanfoɔ kasa

I
Me

you
wo

he / she / it
ono

we
yεn

you
wo

they
ɔmmo

who?
hwan?

what?
deε bεn?

how?
εyε deεn?

where?
ehen?

when?
dabεn?

name
edin

εhen

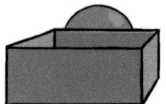

behind

akyire

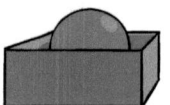

in

emu

in front of

anim

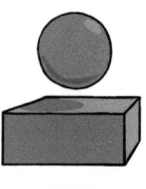

over

εsoro

on

εso

under

aseε

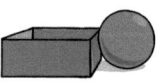

beside

nkyεn

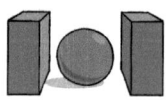

between

ntεm

place

beaε